Donated to the

R.T. Jones Memorial Library

by

Rotary Club of Canton, GA

Rotary International, District 6910

Centennial Project 2004-2005

DISCARD

R.T. JONES MEMORIAL LIBRARY
CHILDREN'S DEPARTMENT
CANTON, GEORGIA 30114

Focas y Leones Marinos

Editorial Wildlife Education, Ltd.
12233 Thatcher Court, Poway, California 92064
comuníquese al: **1-800-477-5034**
correo electrónico: **animals@zoobooks.com**
visítenos en: **www.zoobooks.com**

ISBN 1-888153-79-2

Focas y Leones Marinos

Creado y escrito por
John Bonnett Wexo

Consultor científico
Hubbs-Sea World Research Institute

Traducido por
B. Mónica Rountree

Ilustraciones

Páginas ocho y nueve: Walter Stuart

Páginas diez y once: Walter Stuart

Página diez: Esquina inferior a la izquierda, Graham Allen

Página once: Arriba, centro y esquina inferior a la derecha, Graham Allen

Páginas doce y trece: Walter Stuart

Página doce: Centro a la izquierda y esquina inferior a la izquierda, Graham Allen

Página trece: Esquina superior a la derecha y al fondo, Graham Allen

Páginas dieciséis y diecisiete: Walter Stuart

Página dieciséis: Centro a la izquierda, Graham Allen

Página diecisiete: Arriba y esquina inferior a la derecha, Graham Allen

Páginas veinte y veintiuno: Walter Stuart

Página veinte: Esquina inferior a la izquierda, Graham Allen

Página veintiuno: Esquinas superior e inferior a la derecha, Graham Allen

Fotografías

Cubierta: Francois Gohier

Páginas seis y siete: G.L. Kooyman *(Animals Animals)*

Página diez: Arriba, Cristopher Crowley *(Tom Stack & Associates)*;
  centro, Kevin Schafer *(Tom Stack & Associates)*

Página once: Kevin Schafer *(Tom Stack & Associates)*

Página doce: Arriba, C. Allan Morgan *(Peter Arnold, Inc.)*;
  centro, Robert Evans *(Peter Arnold, Inc.)*

Página trece: Centro a la derecha, Bob Evans *(Peter Arnold, Inc.)*;
  centro a la izquierda, Kevin Schafer *(Tom Stack & Associates)*

Páginas catorce y quince: John Matthews *(DRK Photo)*

Página dieciséis: Arriba, Jen and Des Bartlett *(Bruce Coleman, Inc.)*;
  centro a la izquierda, Jen and Des Bartlett; **esquina inferior a la izquierda,** Jeff Foott *(Bruce Coleman, Inc.)*

Página diecisiete: E.R. Degginger *(Animals Animals)*

Páginas dieciocho y diecinueve: Jim Zipp *(Photo Researchers)*

Página veinte: Arriba, Leonard Lee Rue III *(Animals Animals)*; **centro,** Tom Stack *(Tom Stack & Associates)*

Página veintiuno: Esquina superior a la derecha, Mark Newman *(Tom Stack & Associates)*;
  centro, Med Beauregard *(PPS)*; **esquina inferior a la izquierda,** S.J. Krasemann *(DRK Photo)*

Páginas veintidós y veintitrés: Barry E. Parker *(Bruce Coleman, Inc.)*

En la cubierta: Foca común

Contenido

Las focas, los leones marinos y las morsas viven en dos mundos diferentes. Estos animales pasan parte de sus vidas en tierra y parte de sus vidas en agua. Es posible que en tierra parezcan torpes. Sin embargo, en el agua nadan con una velocidad y gracia maravillosas. De hecho, muchas especies nadan tan bien que parecen volar bajo el agua.

Para lograrlo, estos animales tienen aletas en vez de brazos y piernas. Las aletas parecen "alas", y es por esto que las focas, los leones marinos y las morsas reciben el nombre de *pinnípedos*, lo cual significa "alípedos" o que llevan alas en los pies.

Por lo general, los pinnípedos tienen cuerpos aerodinámicos o perfilados, en forma de cigarro o puro, que les permiten deslizarse en el agua fácilmente. Fuertes músculos impulsan sus cuerpos, lo que les ayuda a ser muy buenos nadadores. Algunos pinnípedos nadan largas distancias y otros se zambullen profundamente en busca de comida.

Los pinnípedos son mamíferos marinos. Al igual que los seres humanos y otros mamíferos de tierra, tienen pulmones y necesitan respirar aire para vivir. Así como tú y yo, tienen sangre caliente y una temperatura corporal que debe mantenerse a un cierto nivel en todo momento. Sus crías nacen vivas como los bebés humanos y obtienen leche de sus madres. Al igual que muchos mamíferos terrestres, los cuerpos de los pinnípedos están cubiertos de pelo.

La mayoría de los pinnípedos habitan en lugares fríos. Por ejemplo, muchas focas y morsas viven cerca del Polo Norte. También hay focas en las aguas cerca del Polo Sur. En estos lugares, las focas suelen pasar un largo tiempo nadando bajo enormes bloques de hielo en busca de alimento.

Muchas personas asocian la nieve y el hielo con las focas y otros pinnípedos. Sin embargo, también se encuentran focas y leones marinos en lugares cálidos. Hay leones marinos en California, además de focas en Hawaii y el mar Mediterráneo.

Los machos adultos de pinnípedos se llaman toros. Las hembras adultas se llaman vacas. Las crías de focas se llaman cachorros. Una morsa joven se llama becerro.

Una foca de Weddell busca alimento bajo el hielo.

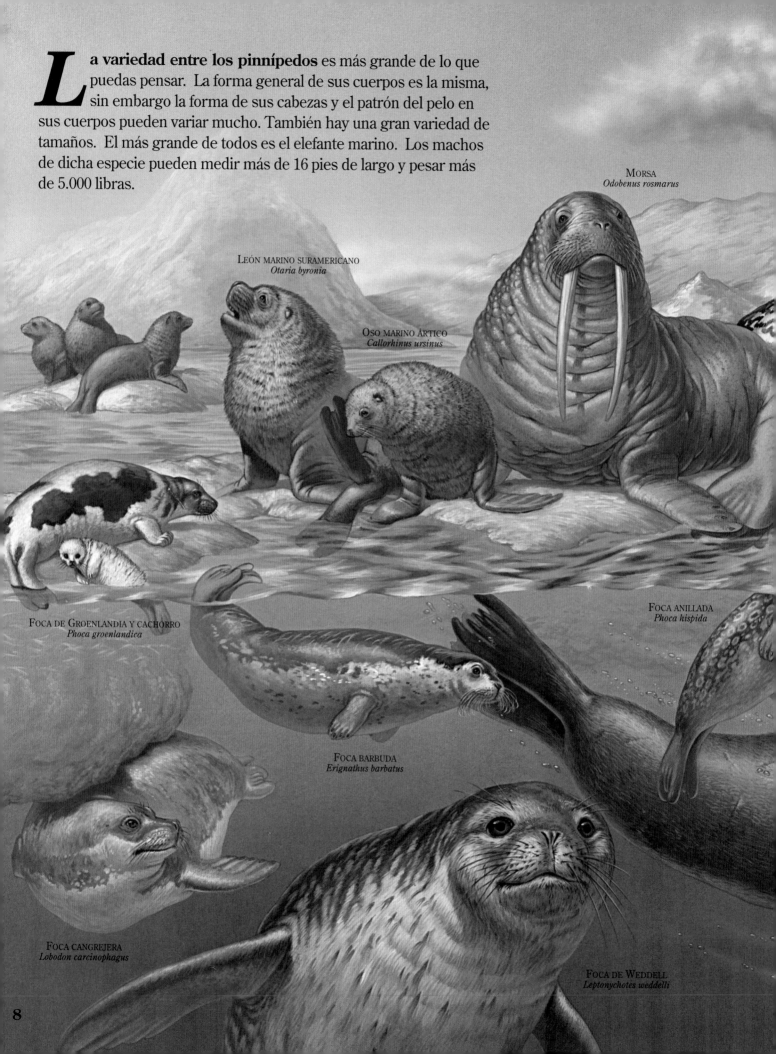

La variedad entre los pinnípedos es más grande de lo que puedas pensar. La forma general de sus cuerpos es la misma, sin embargo la forma de sus cabezas y el patrón del pelo en sus cuerpos pueden variar mucho. También hay una gran variedad de tamaños. El más grande de todos es el elefante marino. Los machos de dicha especie pueden medir más de 16 pies de largo y pesar más de 5.000 libras.

MORSA
Odobenus rosmarus

LEÓN MARINO SURAMERICANO
Otaria byronia

OSO MARINO ÁRTICO
Callorhinus ursinus

FOCA DE GROENLANDIA Y CACHORRO
Phoca groenlandica

FOCA ANILLADA
Phoca hispida

FOCA BARBUDA
Erignathus barbatus

FOCA CANGREJERA
Lobodon carcinophagus

FOCA DE WEDDELL
Leptonychotes weddelli

8

FOCA NARIZONA
Cystophora cristata

ELEFANTE MARINO ANTÁRTICO
Mirounga leonina

ELEFANTE MARINO ÁRTICO
Mirounga angustirostris

LEOPARDO MARINO
Hydrurga leptonyx

LEÓN MARINO ÁRTICO
Eumetopius jubatus

LEÓN MARINO
DE CALIFORNIA
Zalophus californianus

FOCA FRANJEADA
Phoca fasciata

FOCA (FRAILE) DEL
MEDITERRÁNEO
Monachus monachus

9

*L*os cuerpos de todos los **pinnípedos** son muy parecidos a simple vista. Todos poseen cuerpos alargados y perfilados, en forma de submarinos gordos. Todos tienen cuatro aletas - un par adelante y un par atrás -. Casi todos los pinnípedos están cubiertos de pelo. Tienen largos pelos en sus caras que se asemejan a los bigotes de un gato.

Con tantas características similares, tal vez pensarás que es muy difícil distinguir un pinnípedo de otro. Sin embargo, hay diferencias entre ellos que te permitirán distinguirlos *fácilmente*, ¡y en pocos segundos!

El pinnípedo más fácil de reconocer es la morsa. Por una parte, es el más grande de todos con la excepción del elefante marino. Además, es el único pinnípedo que cuenta con colmillos largos. Luego aprenderás más acerca de las morsas.

En estas dos páginas, puedes aprender cómo diferenciar una foca de un león marino o de un oso marino.

Cuando veas un pinnípedo, fíjate en su cabeza. ¿Tiene orejas? Los leones marinos y los osos marinos tienen pequeños pabellones de orejas, pero las focas "auténticas" no. Por esta razón, a los primeros a veces se les llama "focas de orejas". ¿Puedes determinar cuál de estos dos animales es una foca "auténtica" y cuál es un león marino?

FOCA "AUTÉNTICA"

LEÓN MARINO

LEÓN MARINO

Cuando los leones marinos y los osos marinos nadan, utilizan sus aletas *delanteras* para impulsarse en el agua. Sus aletas traseras les sirven para trazar su rumbo, como el timón de un barco.

FOCA "AUTÉNTICA"

Las focas auténticas utilizan sus aletas *traseras* para impulsarse cuando nadan. Sus aletas delanteras les ayudan a trazar el rumbo.

LEÓN MARINO

Las focas "auténticas" no son capaces de usar sus aletas traseras como si fueran pies. Esto las hace más bien torpes al desplazarse en tierra. Algunas especies utilizan sus aletas delanteras para moverse hacia adelante. Otras doblan sus cuerpos y se mueven como las orugas. A pesar de esto, algunos tipos de focas pueden cubrir varias millas por tierra. Algunas incluso son capaces de moverse rápidamente. Las focas cangrejeras son las más rápidas en tierra y pueden moverse a través de la nieve a una velocidad de hasta 15 millas por hora.

Los leones marinos y los osos marinos pueden usar ambos pares de aletas para desplazarse en tierra. Mueven sus aletas traseras hacia adelante y las utilizan como si fueran pies. Esto les permite moverse relativamente bien en tierra, aunque son mucho más gráciles en el agua.

FOCA "AUTÉNTICA"

Todos los pinnípedos pueden abrir y cerrar sus narices. Cuando sus cabezas emergen del agua o ellos salen a la tierra, pueden abrir las aletas de sus narices para respirar ①. Sin embargo, al zambullirse las cierran para que no les entre agua ②.

2

Como vives en tierra, la posición natural de tus fosas nasales es abierta. Sin embargo, los pinnípedos pasan gran parte del tiempo bajo agua; por lo tanto, la posición natural de éstas es cerrada. Ellos poseen músculos especiales, capaces de abrir sus fosas nasales cuando quieren respirar. En el momento en que relajan esos músculos, se vuelven a cerrar.

1

Una de las razones por la cual los pinnípedos parecen cigarros regordetes, se debe a que tienen una capa gruesa de grasa bajo la piel. Esta grasa les ayuda a mantenerse calientes cuando nadan en agua fría o se acuestan sobre nieve y hielo.

GRASA

MORSA

Las morsas tienen más grasa que cualquier otro pinnípedo, y ésta es una razón por la cual son más grandes. La grasa en una morsa de gran tamaño puede tener seis pulgadas de espesor en algunas partes. ¡La grasa *por sí sola* puede pesar más de 900 libras!

El grupo de las focas "auténticas" es el más grande y más variado entre los pinnípedos. Como puedes observar en el mapa a la derecha, es también el grupo de pinnípedos que ocupa más regiones en el mundo.

Donde sea que habiten, estas focas sobreviven comiendo peces y otras criaturas marinas. Al igual que los otros pinnípedos, son excelentes cazadoras. Generalmente no tienen problema alguno para cazar cuantos animales pequeños puedan comer. Por otra parte, algunas veces las focas y otros pinnípedos son atrapados por animales más grandes que ellos, como las orcas o ballenas asesinas.

OCÉANO ATLÁNTICO

OCÉANO PACÍFICO

Los lugares donde habitan las focas están indicados en amarillo

Por lo general, los machos de focas son más grandes que las hembras. ¿Puedes encontrar al macho de elefante marino en esta foto?

Durante la época de apareamiento, los machos de algunas especies pelean entre ellos. Los machos que ganan el mayor número de peleas controlan el mayor número de hembras como compañeras.

Es fácil comprender por qué el elefante marino recibió su nombre. Las "trompas" en algunos machos de gran tamaño pueden medir más de 11 pulgadas de largo. A veces, cuando los machos realmente se enojan, pueden inflar sus "trompas" como si fueran grandes globos.

Las orcas tienen una forma muy astuta de capturar focas mientras éstas descansan sobre témpanos de hielo. Una ballena empuja hacia arriba un lado del témpano (ilustrado a la izquierda). La foca comienza a resbalar y cae en la boca abierta de la otra ballena.

Por lo general, las focas y otros pinnípedos viven en determinadas regiones donde puedan encontrar comida suficiente. Los pinnípedos se encuentran casi en el tope de la "cadena alimenticia" del océano. La cadena comienza con plantas y animales muy pequeños ①.

Cerca del tope de la cadena, los peces que han estado comiendo animales más pequeños, son a su vez comidos por los pinnípedos ③.

OCÉANO PACÍFICO

OCÉANO ÍNDICO

3

1 **2**

Los animales un poco más grandes ② se comen las plantas y animales más pequeños. A su vez, a éstos se los comen los animales aún más grandes.

Entre los alimentos predilectos de las focas se encuentran los calamares y los peces de tamaño mediano.

La vida en el océano puede ser muy peligrosa para las focas y otros pinnípedos. En aguas frías los cazan las orcas. En aguas templadas son víctimas de los tiburones.

Para encontrar comida, es posible que una foca en aguas frías deba nadar bajo hielo por mucho tiempo. Algunas focas son capaces de aguantar la respiración por *casi una hora*. Mas a un cierto punto, necesitan encontrar un agujero en el hielo para poder respirar.

Las focas y la mayoría de los otros pinnípedos tienen ojos grandes. Sus ojos están adaptados a la luz tenue. La luz se refleja en sus ojos dos veces. Pueden ver muy bien tanto en las profundidades del océano como fuera del agua.

Las focas que utilizan agujeros en el hielo para respirar, generalmente cuentan con varios de ellos. Cuando se forma hielo sobre estos orificios, las focas lo escarban con sus dientes y garras. A veces derriten la nueva capa de hielo con su aliento caliente. Los osos polares y los inuits, los habitantes del norte, normalmente esperan hasta que las focas salgan a respirar por dichos agujeros de respiración para así atraparlas.

13

os leones marinos y los osos marinos están estrechamente emparentados. Se parecen tanto y se comportan de una forma tan similar que los científicos los consideran miembros de la misma familia. Sin embargo hay algunas diferencias entre ellos.

Los leones marinos generalmente tienen hocicos más cortos que los osos marinos. Además, el pelo de los leones marinos es por lo general más corto y fino. En cambio, el pelo de los osos marinos puede ser tan largo y grueso como el de un oso de tierra.

Todos los machos adultos de leones marinos y osos marinos son mucho más grandes que las hembras. Los machos de leones marinos muchas veces tienen melenas en sus cabezas, como se muestra abajo.

OCÉANO PACÍFICO

Cuando salen del agua, los osos marinos y los leones marinos generalmente escogen playas rocosas para descansar. A diferencia de las focas y las morsas, a los osos marinos—como el que se ve ilustrado—no les gusta reposar sobre la nieve y el hielo.

Los leones marinos recibieron su nombre por la melena peluda que poseen los machos adultos. A veces son muy parecidas a las melenas de los leones africanos.

Cuando un gran macho de león marino camina al acecho con sus aletas por la playa (abajo), su parecido a un león africano puede ser notable.

Los cachorros de leones marinos deben mantenerse alejados de los enormes machos adultos. Éstos pueden tener un temperamento muy malo, y a veces pisotean a los pequeños o les hacen daño de alguna otra forma.

16

Los lugares donde habitan los leones marinos y los osos marinos están indicados en amarillo

OCÉANO ATLÁNTICO

OCÉANO ÍNDICO

OCÉANO PACÍFICO

Al igual que las focas "auténticas", los leones y osos marinos pueden habitar en lugares más bien fríos. Sin embargo, la mayoría se mantiene lejos de las zonas más frías, cerca de los polos Norte y Sur.

Los leones marinos y otros pinnípedos pueden pasar días en el agua sin salir a tierra. Incluso duermen en el agua. En aguas poco profundas, a veces se sumergen hasta el fondo y duermen mientras aguantan la respiración. De vez en cuando suben a la superficie para respirar y luego se sumergen nuevamente. En aguas profundas, frecuentemente flotan verticalmente tan sólo con las puntas de sus narices afuera del agua.

Los leones marinos de California y otros pinnípedos son famosos por su facultad para balancear objetos con sus narices. Ellos aprenden estos trucos con facilidad, lo cual indica que son animales inteligentes. Algunos científicos opinan que los pinnípedos pueden ser tan inteligentes como los gatos y los monos.

A veces se utiliza la piel de los osos marinos para hacer abrigos. El pelo es precioso pero se ve mejor en los osos marinos, a quienes les pertenece.

1

2

Millones de osos marinos han sido aniquilados para así obtener su gruesa y suave piel. Esta piel es mucho más gruesa que la de otros pinnípedos, ya que tiene mucho más pelo. Además del largo pelo que tienen todos los pinnípedos ①, los osos marinos tienen un pelo más corto llamado *bajo pelo* ②.

17

*L*as morsas son muy diferentes a los otros pinnípedos en varios sentidos. A diferencia de los demás, las morsas tienen largos colmillos blancos. Tienen bigotes cortos y rígidos, ojos pequeños parecidos a los de un cerdo, y los machos adultos tienen pelo muy escaso en sus enormes cuerpos.

Las morsas pertenecen a una familia por su cuenta. Sus parientes más cercanos son los osos marinos, aunque comparten algunas características tanto con las focas como con los leones marinos. Al igual que las focas, las morsas utilizan sus aletas traseras para impulsarse cuando nadan. Sin embargo, también usan sus aletas delanteras como lo hacen los leones marinos.

Los machos de morsas pueden llegar a ser muy grandes. A veces miden más de 12 pies de largo y el más grande de todos puede llegar a pesar hasta 3.500 libras. Esto equivale a 23 *hombres completamente desarrollados*. Las hembras son más pequeñas, si bien aún grandes. Generalmente pesan alrededor de 1.500 libras.

A casi todos los pinnípedos les gusta amontonarse en grandes grupos. Cuando un grupo está en el agua, se llama manada. Cuando está en tierra se llama *colonia*.

Todos los pinnípedos tienen pequeñas colas entre sus aletas traseras. La morsa es la única que posee un colgajo de piel que conecta la cola a sus aletas.

Los espléndidos colmillos de las morsas de ambos géneros son dientes caninos en la mandíbula superior que crecen hasta ser muy grandes. Los colmillos de la morsa crecen durante el transcurso de su vida. Una morsa de gran tamaño puede tener colmillos de tres pies de largo. Sin embargo, a medida que la morsa envejece, el uso y desgaste de los mismos resultará en colmillos más cortos, desafilados e incluso quebrados.

Las morsas utilizan sus colmillos para hacer orificios en el hielo, para defenderse, e incluso para trepar sobre un témpano de hielo. Al clavar sus colmillos en el hielo, las morsas son capaces de empujar sus inmensos cuerpos hacia adelante. Parte del nombre científico de las morsas, *Odobenus*, significa "aquel que camina con los dientes". Entre los muchos usos de los colmillos, el más importante es como símbolo visual del nivel social de la morsa entre la manada. La morsa más grande con los colmillos más grandes generalmente domina a los demás.

Todas las morsas habitan en el extremo norte, donde puede llegar a hacer mucho frío. Su gruesa capa de grasa las mantiene bien aisladas ante temperaturas congelantes. Se han observado morsas durmiendo tranquilamente sobre el hielo durante fuertes vientos y a temperaturas de 31 grados bajo cero.

Las morsas cuentan con sus propios "salvavidas" mientras descansan o duermen en el mar. Su densa capa de grasa también las ayuda a flotar, puesto que la grasa flota.

Tales salvavidas son bolsas de aire inflables en sus gargantas. Las bolsas ayudan a las morsas a flotar en el agua y les permiten emitir sonidos especiales, parecidos a los de una campana, que son parte del cortejo.

POLO NORTE

RUSIA

ALASKA

Los lugares donde habitan las morsas están indicados en amarillo

Las morsas utilizan muchas veces sus bigotes para encontrar comida. En las profundidades oscuras del océano, las morsas usan sus bigotes para palpar el fondo en busca de camarones, caracoles, cangrejos, almejas y mejillones. Los bigotes de una morsa tienen cerca de 300 pelos gruesos y cortos.

La piel en el cuello y lomo de un macho adulto tiene protuberancias y mide alrededor de dos pulgadas de espesor. Esto lo protege de los colmillos tajantes de otros machos.

Los colmillos de las morsas son valiosos. Al igual que los colmillos de elefantes, éstos pueden ser tallados para crear objetos de arte. Durante cientos de años, las personas mataron morsas por su marfil. Esta pieza de ajedrez del siglo XII fue tallada en marfil de morsa.

Hoy en día, la cacería de morsas es ilegal en la mayoría de los países. Los inuits todavía pueden cazarlas, pues la carne y grasa de morsa son una parte tradicional de su alimentación. Según la ley, ellos no pueden cazar con armas de fuego, mas deben usar las lanzas y los métodos tradicionales de su cultura. La gente que comparte la cima del mundo con estos mamíferos marinos, honra las morsas por su resistencia.

¿Cómo se rasca la cabeza una morsa? Con su aleta, por supuesto. Al igual que todos los pinnípedos, la morsa, que se ve muy torpe, tiene una espina dorsal muy flexible, la cual le ayuda a girar abruptamente cuando nada, ¡y cuando se rasca!

El **futuro de los pinnípedos** se vislumbra mucho mejor que antes. En un momento dado, alrededor de 100 años atrás, parecía un hecho que casi todas las focas, leones marinos y morsas del mundo serían destruidas por cazadores humanos. Hoy en día parece que la mayoría de las especies de pinnípedos están fuera de peligro.

La cacería no fue regulada durante los siglos XVIII y XIX, ya que se sabía poco acerca de la biología, ecología y población de los pinnípedos. Las ballenas y los pinnípedos eran cazados para obtener el aceite proveniente de la grasa de sus cuerpos. Este aceite se utilizaba en las lámparas antes de que la luz eléctrica fuese inventada. Millones de focas y otros pinnípedos fueron aniquilados para obtener aceite para las lámparas del mundo. Como consecuencia, el número de muchas especies de pinnípedos se redujo

rápidamente. Los elefantes marinos estaban a punto de extinguirse. Algunas especies de focas se extinguieron.

También se cazaban muchos pinnípedos para obtener sus pieles. Los osos marinos de todo tipo fueron casi erradicados. Se mataban morsas por su abundante aceite y sus maravillosos colmillos de marfil. La población de morsas del Atlántico Norte fue tan seriamente decimada que nunca pudo recuperarse. Afortunadamente, la población del Pacífico Norte continúa siendo muy abundante.

Sucedieron varios acontecimientos que contribuyeron a salvar los pinnípedos. En primer lugar, las especies que habían sido cazadas hasta el punto de casi extinguirlas, fueron abandonadas pues su número era demasiado bajo como para justificar el gasto por su cacería. Al mismo tiempo, se inventó la luz eléctrica y por lo tanto, el mercado de aceite de foca decayó. Finalmente, los gobiernos alrededor del mundo formularon leyes para proteger los pinnípedos.

Como resultado de todos estos sucesos, el número de casi todas las especies de pinnípedos ha aumentado en los últimos años. En el caso de algunas especies, como por ejemplo el oso marino ártico, es posible que hoy haya tantos ejemplares vivos como los había antes de que la cacería comenzara.

A diferencia de las personas en siglos pasados, nosotros no necesitamos aceite proveniente de los pinnípedos. Además, contamos con ropa que nos protege y no requerimos de la piel de animales salvajes. A medida que aprendemos más acerca de los pinnípedos y de todos los animales salvajes, nos damos cuenta que éstos son mucho más valiosos para nuestro futuro y el de la Tierra si están vivos.

Irónicamente, el aceite continúa siendo un problema para los pinnípedos y para todas las criaturas marinas. Mas esta vez no es porque sean cazados para obtener su aceite. El que hoy constituye una amenaza es un aceite mineral -el petróleo - derramado en el mar. El petróleo cubre el pelaje de los animales y baja la temperatura de sus cuerpos. Además es ingerido al adherirse a los alimentos que comen. Es necesario que trabajemos para prevenir esta amenaza moderna para los pinnípedos y su ambiente.

Índice